Non seulement les garnitures permettent de décorer vos soupes, mais elles apportent aussi des saveurs et des textures supplémentaires. Il ne s'agit ici que de quelques suggestions.

GARNITURES RAPIDES

Les fines herbes apportent une note de fraîcheur aux soupes tout en en rehaussant la saveur. Les garnitures à base de crème confèrent de la richesse et rendent les soupes plus gourmandes.

SOUPES FROIDES

Les soupes froides sont idéales pour se rafraîchir lors des chaleurs estivales ou font un délicieux interlude entre deux plats. Et, surtout, la plupart ne nécessitent aucune cuisson.

GASPACHO

pour 4 personnes

450 g de tomates épépinées et coupées en petits morceaux
150 g de concombre sans pépins, pelé et coupé en petits morceaux
1 poivron rouge, épépiné et coupé en petits morceaux
1 petit oignon doux, coupé en petits morceaux
1 petite gousse d'ail pelée
1 ½ cuillerée à soupe de vinaigre de vin blanc
50 g de pain de campagne de la veille
2 cuillerées à soupe d'huile d'olive + un filet pour servir
fleur de sel et poivre

recette

Arroser le pain de vinaigre et laisser imbiber 30 minutes dans un mixeur. Ajouter le reste des ingrédients et mixer jusqu'à obtenir une consistance lisse. Assaisonner selon votre goût et verser un filet d'huile d'olive avant de servir.

GASPACHO ROSE

pour 4 personnes

1 kg de pastèque sans pépins, épluchée
1 poivron rouge, épépiné et coupé en petits morceaux
1 concombre libanais, coupé en dés
1 piment jalapeño, finement émincé
1 cuillerée à café de graines de coriandre grillées
1 petite poignée de coriandre
1 cuillerée à soupe de vinaigre de vin rouge

c'est meilleur en été

recette

Mixer les deux tiers de la pastèque avec le poivron, les graines de coriandre et le vinaigre jusqu'à obtenir une consistance lisse. Couper le reste de la pastèque en dés. Verser la soupe mixée dans des bols et garnir des ingrédients restants ainsi que des dés de pastèque.

RAISIN & AMANDES

pour 4 personnes

400 g de raisin rouge + quelques grains coupés en rondelles pour garnir
½ concombre sans pépins (environ 175 g), pelé et coupé en gros morceaux
150 g d'amandes Marcona salées
1 ciboule hachée
2 cuillerées à café de vinaigre de xérès
2 cuillerées à soupe d'huile d'olive + un filet pour servir
1 cuillerée à soupe d'aneth

c'est meilleur en été

recette

Mixer tous les ingrédients (sauf l'aneth) avec 225 ml d'eau très froide jusqu'à obtenir une consistance lisse. Incorporer une grande partie de l'aneth. Garnir de grains de raisin coupés en rondelles, du reste d'aneth et d'un filet d'huile.

RAITA

pour 2 à 4 personnes

200 g de yaourt nature au lait entier
1 concombre sans pépins, pelé et coupé en petits morceaux
1 échalote coupée en petits dés
1 cuillerée à soupe d'aneth
2 cuillerées à soupe de persil plat
fleur de sel et poivre

c'est meilleur en été

recette

Mixer tous les ingrédients jusqu'à obtenir une consistance lisse, puis saler et poivrer selon votre goût.

VICHYSSOISE

pour 2 à 4 personnes

2 poireaux moyens, coupés en petits morceaux
1 oignon moyen, finement haché
1 pomme de terre (environ 300 g) coupée en petits morceaux
50 ml de crème entière
2 cuillerées à soupe de beurre doux
1 litre d'eau
fleur de sel et poivre

recette

Faire chauffer le beurre et y cuire l'oignon, les poireaux ainsi que la pomme de terre, à couvert, pendant 10 minutes, en remuant de temps à autre. Ôter le couvercle et poursuivre la cuisson jusqu'à ce que les légumes commencent à colorer. Ajouter l'eau, porter à ébullition puis laisser mijoter jusqu'à ce que la pomme de terre soit bien tendre. Mixer jusqu'à obtenir une consistance lisse, incorporer la crème et assaisonner.

SOUPE AUX PETITS POIS

pour 2 à 4 personnes

4 ciboules finement hachées
300 g de petits pois surgelés, décongelés
1 petite poignée d'estragon, haché
500 ml d'eau
1 cuillerée à soupe d'huile d'olive
1 poignée de pousses de petits pois

c'est meilleur en été

recette

Faire chauffer l'huile et y cuire les ciboules, 5 minutes à couvert, jusqu'à ce qu'elles soient tendres. Verser l'eau et porter à ébullition. Ajouter les petits pois et laisser frémir 3 minutes. Mixer avec l'estragon jusqu'à obtenir une consistance lisse. Assaisonner. Garnir de pousses de petits pois.

SOUPE VIOLETTE

pour 4 personnes

1 oignon rouge, haché
1 carotte coupée en petits morceaux
350 g de betteraves épluchées et coupées en dés
1 granny-smith ou autre pomme acide, pelée, épépinée et coupée en dés
1 litre d'eau
2 cuillerées à soupe d'huile d'olive
yaourt nature pour la garniture
fleur de sel et poivre

recette

Faire chauffer l'huile et y cuire l'oignon et la carotte, 15 minutes à couvert, en remuant de temps à autre. Ajouter les betteraves ainsi que la pomme et poursuivre la cuisson 15 minutes à couvert. Verser l'eau, porter à ébullition, puis laisser mijoter, le couvercle entrouvert, jusqu'à ce que les betteraves soient bien tendres. Mixer jusqu'à obtenir une consistance lisse puis assaisonner. Garnir de volutes de yaourt.

CONCOMBRE & HERBES

pour 2 à 4 personnes

500 g de yaourt nature au lait entier
2 concombres (environ 550 g) coupés en gros morceaux
1 petite échalote coupée en dés
4 cuillerées à café de vinaigre de champagne
10 g d'aneth
1 petite poignée de feuilles de menthe
fleur de sel et poivre

c'est meilleur en été

recette

Mixer l'ensemble des ingrédients jusqu'à obtenir une consistance lisse puis assaisonner selon votre goût.

RÊVE D'AVOCAT

pour 2 à 4 personnes

1 concombre sans pépins, coupé en gros morceaux
1 avocat épluché, dénoyauté et coupé en gros morceaux
1 ciboule grossièrement hachée
100 g de yaourt nature
150 ml d'eau froide
le jus de 2 citrons verts
huile d'olive pour la garniture
fleur de sel et poivre

c'est meilleur en été

recette

Mixer l'ensemble des ingrédients, sauf l'huile d'olive, jusqu'à obtenir une consistance lisse. Assaisonner et verser un filet d'huile.

SOUPES MIXÉES

Les soupes de ce chapitre s'accordent mieux avec une texture lisse et veloutée. Elles se prêtent à merveille à la congélation et sont souvent encore meilleures le lendemain. Il est parfois nécessaire d'ajouter un liquide au moment de les réchauffer.

CAROTTE & CORIANDRE

pour 2 à 4 personnes

600 g de carottes coupées en morceaux
750 ml d'eau
1 cuillerée à café de graines de coriandre légèrement pilées
1 poignée de coriandre hachée
1 cuillerée à soupe d'huile d'olive
fleur de sel et poivre

recette

Faire griller les graines de coriandre. Ajouter l'huile et les carottes puis laisser cuire 10 minutes à couvert, en remuant de temps à autre. Verser l'eau, porter à ébullition, puis laisser mijoter jusqu'à ce que les carottes soient bien tendres. Mixer jusqu'à obtenir une consistance lisse, assaisonner et garnir de coriandre.

CAROTTE & CRÈME DE SÉSAME

pour 2 à 4 personnes

1 poireau taillé en demi-rondelles
500 g de carottes coupées en petits morceaux
750 ml d'eau
3 gousses d'ail finement hachées
3 cuillerées à soupe de crème de sésame
1 cuillerée à café de cumin moulu
1 cuillerée à soupe de jus de citron
2 cuillerées à soupe d'huile d'olive
fleur de sel et poivre

recette

Faire chauffer l'huile et y cuire le poireau et les carottes, 10 minutes à couvert, en remuant de temps à autre. Ajouter l'ail et le cumin puis laisser cuire 1 minute en remuant. Verser l'eau, porter à ébullition et laisser mijoter jusqu'à ce que les carottes soient bien tendres. Retirer du feu, ajouter la crème de sésame et le jus de citron. Mixer jusqu'à obtenir une consistance lisse et assaisonner.

SOUPE À L'AIL

pour 4 personnes

2 têtes d'ail pelées et pressées
3 cuillerées à soupe de farine
50 ml de crème liquide
1 litre d'eau
1 bouquet garni
½ baguette de la veille, coupée en cubes
2 cuillerées à soupe de beurre doux
1 cuillerée à soupe d'huile d'olive
fleur de sel et poivre

recette

Faire chauffer l'huile et le beurre puis y cuire l'ail à feu doux jusqu'à ce qu'il soit très tendre et qu'il commence à dorer. Ajouter la farine et écraser très finement. Incorporer l'eau peu à peu en fouettant puis ajouter le bouquet garni et porter à ébullition. Laisser frémir 15 minutes. Retirer le bouquet garni, mixer jusqu'à obtenir une consistance lisse puis ajouter la crème et assaisonner. Déposer le pain dans des bols et verser la soupe par-dessus.

CITRON & PANAIS

pour 2 à 4 personnes

2 poireaux finement hachés
2 gros panais pelés, le cœur retiré, et coupés en petits morceaux
250 ml de lait
750 ml d'eau
1 brin de romarin
½ citron
2 cuillerées à soupe de beurre doux
fleur de sel et poivre

c'est meilleur en hiver

recette

Faire chauffer le beurre jusqu'à ce qu'il soit fondu et que de l'écume se forme. Ajouter les poireaux ainsi que les panais et laisser cuire jusqu'à ce qu'ils commencent à dorer. Ajouter le romarin, le demi-citron et l'eau puis porter à ébullition. Laisser frémir jusqu'à ce que les panais soient bien tendres. Jeter le romarin, presser le demi-citron puis mixer jusqu'à obtenir une consistance lisse. Ajouter le lait et assaisonner.

CRÈME DE TOMATE & BASILIC

pour 2 à 4 personnes

1 oignon moyen, haché
3 gousses d'ail finement hachées
15 g de brins de basilic, les tiges fines finement hachées
800 g de tomates pelées en conserve, écrasées
250 ml d'eau
50 cl de crème liquide ou épaisse
1 portion de croûtons aux graines et au fromage (voir page 170)
3 cuillerées à soupe d'huile d'olive
fleur de sel et poivre

c'est meilleur en été

recette

Faire chauffer l'huile et y cuire l'oignon, l'ail et les tiges de basilic jusqu'à ce qu'ils soient bien tendres. Ajouter les tomates et l'eau. Porter à ébullition et laisser frémir 15 minutes. Mixer jusqu'à obtenir une consistance lisse puis incorporer les feuilles de basilic, la crème, du sel et du poivre. Garnir de croûtons.

CHAMPIGNONS ROSÉS

pour 2 à 4 personnes

450 g de gros champignons de Paris rosés, hachés
2 grosses échalotes finement hachées
1 gousse d'ail finement hachée
1 litre d'eau
4 cuillerées à soupe de crème fraîche
2 cuillerées à soupe de beurre doux
1 petite poignée de persil plat grossièrement haché
fleur de sel et poivre

recette

Faire fondre le beurre et y faire cuire les échalotes et l'ail à couvert, en remuant de temps à autre jusqu'à ce qu'ils soient tendres. Ajouter les champignons et laisser cuire 5 minutes à couvert, en mélangeant de temps en temps. Verser l'eau, porter à ébullition puis laisser mijoter 25 minutes. Mixer jusqu'à obtenir une consistance lisse avant d'incorporer la crème fraîche et le persil. Assaisonner.

DOUCEUR DE PETITS RIENS

pour 2 à 4 personnes

1 poireau moyen, coupé en petits morceaux
1 patate douce moyenne (environ 275 g), coupée en petits morceaux
1 grosse carotte (175 g) coupée en petits morceaux
125 ml de lait de coco
750 ml d'eau
3 gousses de cardamome, les cosses retirées et les graines finement hachées
15 g de gingembre pelé et finement râpé
1 cuillerée à soupe d'huile d'olive
fleur de sel et poivre

c'est meilleur en automne

recette

Faire chauffer l'huile et y cuire le poireau, la patate douce et la carotte, 15 minutes à couvert, en remuant de temps à autre. Ajouter la cardamome ainsi que le gingembre et laisser cuire 1 minute. Verser l'eau, porter à ébullition puis laisser frémir jusqu'à ce que les ingrédients soient bien tendres. Mixer jusqu'à obtenir une consistance lisse, incorporer le lait de coco et assaisonner.

COURGETTE & BRIE

pour 4 personnes

400 g de courgettes taillées en fines demi-rondelles
1 pomme de terre moyenne (environ 150 g), coupée en petits morceaux
1 oignon moyen, coupé en dés
180 g de brie, la croûte retirée
1 litre d'eau
2 cuillerées à soupe d'huile d'olive
fleur de sel et poivre

recette

Faire chauffer l'huile et y cuire les courgettes, la pomme de terre ainsi que l'oignon à feu doux, 10 minutes à couvert, en remuant de temps à autre. Ôter le couvercle et poursuivre la cuisson 30 minutes, en mélangeant de temps en temps. Verser l'eau, porter à ébullition puis retirer du feu. Ajouter le brie et mixer jusqu'à obtenir une consistance lisse. Assaisonner.

CRÈME DE NAVET

pour 4 personnes

1 poireau émincé
3 ou 4 petits navets (environ 600 g) pelés et coupés en dés
50 ml de crème liquide ou épaisse
1 litre d'eau
2 cuillerées à soupe de beurre doux
fleur de sel et poivre

recette

Faire fondre le beurre et y faire cuire le poireau et les navets, 10 minutes à couvert, en remuant de temps à autre. Ôter le couvercle et poursuivre la cuisson, en mélangeant de temps en temps jusqu'à ce que les légumes commencent à dorer. Verser l'eau, porter à ébullition, puis laisser frémir jusqu'à ce qu'ils soient bien tendres. Mixer jusqu'à obtenir une consistance lisse, ajouter la crème et assaisonner.

DÉLICE ROUGE AU POIVRON

pour 2 à 4 personnes

1 oignon moyen, coupé en dés
500 g de poivrons rouges, épépinés et coupés en dés
100 g de fromage de chèvre émietté
750 ml d'eau
1 cuillerée à café de feuilles de thym
2 cuillerées à café de paprika fort
2 cuillerées à soupe de beurre doux
fleur de sel et poivre

c'est meilleur en été

recette

Faire fondre le beurre et y cuire l'oignon, les poivrons et les feuilles de thym, 15 minutes à couvert, en remuant de temps à autre. Ajouter le paprika et poursuivre la cuisson 1 minute. Verser l'eau, porter à ébullition, puis laisser frémir jusqu'à ce que les légumes soient bien tendres. Mixer jusqu'à obtenir une consistance lisse, assaisonner et garnir de fromage de chèvre.

MANGE-TOUT

pour 2 à 4 personnes

450 g de mange-tout équeutés et coupés en petits morceaux
2 grosses échalotes hachées
1 petite pomme de terre coupée en petits morceaux
1 litre d'eau
2 cuillerées à soupe de beurre doux
fleur de sel et poivre

c'est meilleur en été

recette

Faire fondre le beurre et y faire cuire les échalotes et la pomme de terre, 10 minutes à couvert, en remuant de temps à autre. Verser l'eau, porter à ébullition puis laisser mijoter jusqu'à ce que la pomme de terre soit bien tendre. Ajouter les mange-tout et laisser frémir jusqu'à ce qu'ils soient juste tendres. Mixer jusqu'à obtenir une consistance lisse et assaisonner.

SOUPE POPEYE ÉPICÉE

pour 2 à 4 personnes

250 g de petites feuilles d'épinard, les tiges dures retirées
1 grosse pomme de terre (environ 300 g) coupée en petits morceaux
2 grosses échalotes coupées en dés
50 ml de crème liquide ou épaisse
1 litre de bouillon de volaille
15 g de gingembre frais, finement râpé
1 cuillerée à café de garam masala
2 cuillerées à soupe d'huile d'olive
fleur de sel et poivre

c'est meilleur en automne

recette

Faire chauffer l'huile et y cuire la pomme de terre et les échalotes 15 minutes à couvert. Ajouter le gingembre ainsi que le garam masala et poursuivre la cuisson 1 minute. Verser le bouillon de volaille, porter à ébullition et laisser mijoter jusqu'à ce que la pomme de terre soit tendre. Retirer du feu, incorporer les épinards et les laisser fondre. Mixer jusqu'à obtenir une consistance lisse, ajouter la crème et assaisonner.

TOPINAMBOURS

pour 2 à 4 personnes

750 g de topinambours pelés et coupés en petits morceaux
1 oignon moyen, haché
2 branches de céleri coupées en petits morceaux
1 litre d'eau
2 cuillerées à soupe de beurre doux
fleur de sel et poivre

recette

Faire fondre le beurre et y faire cuire l'oignon, le céleri et les topinambours, 10 minutes à couvert, en remuant de temps à autre. Verser l'eau, porter à ébullition puis laisser frémir jusqu'à ce que les légumes soient bien tendres. Mixer jusqu'à obtenir une consistance lisse et assaisonner.

CHÂTAIGNE

pour 2 à 4 personnes

350 g de châtaignes cuites au four et épluchées
1 poireau moyen, taillé en demi-rondelles
1 carotte moyenne, coupée en petits morceaux
1 branche de céleri pelée et coupée en petits morceaux
750 ml d'eau
2 cuillerées à soupe d'huile d'olive
lard grillé pour la garniture
fleur de sel et poivre

c'est meilleur en automne

recette

Faire chauffer l'huile et y cuire le poireau, la carotte et le céleri, 10 minutes à couvert, en remuant de temps à autre. Ajouter les châtaignes et l'eau, porter à ébullition et laisser mijoter 30 minutes. Mixer jusqu'à obtenir une consistance lisse, assaisonner et garnir de lard grillé croustillant.

SOUPE MINCEUR AU CRESSON

pour 2 à 4 personnes

1 grosse botte de cresson (environ 250 g)
1 oignon moyen, coupé en dés
1 pomme de terre moyenne, coupée en dés
50 ml de lait
750 ml d'eau
1 cuillerée à soupe de beurre doux
fleur de sel et poivre

c'est meilleur en été

recette

Faire fondre le beurre et y faire cuire l'oignon et la pomme de terre, à couvert, et en remuant de temps à autre, jusqu'à ce qu'ils soient tendres. Verser l'eau et porter à ébullition. Ajouter le cresson et laisser mijoter jusqu'à ce qu'il soit tendre. Mixer jusqu'à obtenir une consistance lisse. Assaisonner et verser le lait en filet.

CRESSON, PETITS POIS & MENTHE

pour 2 à 4 personnes

1 pomme de terre moyenne, coupée en dés
1 botte de ciboules (environ 150 g)
200 g de petits pois surgelés, décongelés
1 botte de cresson (environ 125 g)
750 ml d'eau
15 g de menthe
fleur de sel et poivre

c'est meilleur au printemps

recette

Porter l'eau à ébullition avec les ciboules et la pomme de terre. Laisser frémir, le couvercle entrouvert, jusqu'à ce qu'elles soient bien tendres. Ajouter les petits pois et le cresson, porter à ébullition puis retirer du feu et ajouter la menthe. Mixer jusqu'à obtenir une consistance lisse. Assaisonner.

FENOUIL & ORANGE

pour 2 à 4 personnes

1 poireau moyen, taillé en demi-rondelles
1 bulbe de fenouil moyen, finement émincé
1 pomme de terre moyenne, coupée en petits morceaux
1 litre d'eau
1 portion de crème fraîche au citron et aux herbes (voir page 186, en remplaçant le citron par de l'orange et la ciboulette par des pluches de fenouil)
2 cuillerées à soupe d'huile d'olive
fleur de sel et poivre

c'est meilleur en hiver

recette

Faire chauffer l'huile et y cuire le poireau, le fenouil et la pomme de terre 15 minutes à couvert, en remuant de temps à autre. Ôter le couvercle et poursuivre la cuisson 10 minutes, en mélangeant de temps en temps. Verser l'eau, porter à ébullition puis laisser frémir jusqu'à ce que les légumes soient bien tendres. Mixer jusqu'à obtenir une consistance lisse, assaisonner et garnir de cuillerées de crème fraîche à l'orange et au fenouil.

MEXICO

pour 2 à 4 personnes

400 g de haricots noirs en conserve, égouttés et rincés
250 g de salsa fraîche, préparée avec des tomates coupées en dés,
de l'oignon émincé, de la coriandre, du jus de citron, de l'huile d'olive, du sel et du poivre
2 ciboules, finement émincées
500 ml d'eau
1 poignée de coriandre
1 poignée de lanières de tortilla

c'est meilleur en été

recette

Porter tous les ingrédients à ébullition, sauf les ciboules, la coriandre et les lanières de tortilla, puis laisser mijoter 5 minutes. Mixer jusqu'à obtenir une consistance lisse et garnir de ciboules, de coriandre et de lanières de tortilla.

FÈVES & AMANDES

pour 2 à 4 personnes

4 ciboules finement émincées
100 g de petits pois surgelés, décongelés
300 g de fèves écossées surgelées, décongelées et dérobées
50 g d'amandes en poudre
750 ml d'eau
1 portion de crème fraîche au citron et aux herbes (voir page 186)
2 cuillerées à soupe d'huile d'olive
fleur de sel et poivre

c'est meilleur en été

recette

Faire chauffer l'huile et y cuire les ciboules pendant 5 minutes, en remuant de temps à autre. Ajouter les amandes en poudre et laisser cuire 2 minutes, en remuant. Verser l'eau, porter à ébullition puis ajouter les fèves et les petits pois. Laisser mijoter 2 minutes. Mixer jusqu'à obtenir une consistance lisse et assaisonner. Servir, garni de cuillerées de crème fraîche au citron et aux herbes.

CHOU-FLEUR & CHEDDAR

pour 2 à 4 personnes

1 oignon doux, haché
1 petit chou-fleur (environ 500 g), les feuilles extérieures retirées, les tiges hachées et les fleurettes finement hachées
250 ml de lait entier
150 g de cheddar très affiné, râpé
750 ml d'eau
2 cuillerées à soupe de beurre doux
fleur de sel et poivre

c'est meilleur en automne

recette

Faire fondre le beurre et y faire cuire l'oignon 10 minutes à couvert, en remuant de temps à autre. Ôter le couvercle, ajouter les tiges de chou-fleur et laisser cuire, en remuant, jusqu'à ce qu'elles soient dorées. Ajouter les fleurettes, l'eau et le lait, porter à ébullition et laisser mijoter jusqu'à ce que le chou-fleur soit bien tendre. Mixer jusqu'à obtenir une consistance lisse puis incorporer le cheddar en mélangeant jusqu'à ce qu'il soit fondu. Assaisonner.

COURGE & LARD FUMÉ

pour 2 à 4 personnes

100 g de lard fumé, coupé en tranches
600 g de courge butternut épluchée, épépinée et coupée en petits morceaux
1 oignon haché
1 grosse carotte coupée en petits morceaux
1 litre d'eau
1 cuillerée à soupe d'huile d'olive
fleur de sel et poivre

recette

Faire chauffer l'huile et y faire revenir le lard jusqu'à ce qu'il commence à devenir croustillant. Ajouter la courge, l'oignon et la carotte et laisser cuire 15 minutes à couvert, en remuant de temps à autre. Verser l'eau, porter à ébullition, puis laisser mijoter jusqu'à ce que les légumes soient bien tendres. Mixer jusqu'à obtenir une consistance lisse et assaisonner.

HARICOTS BLANCS

pour 2 à 4 personnes

800 g de haricots blancs en conserve, égouttés et rincés
750 ml de bouillon de volaille ou de légumes
2 gousses d'ail finement hachées
100 ml d'huile d'olive + un filet pour servir
fleur de sel et poivre

recette

Faire chauffer l'huile et y faire revenir l'ail jusqu'à ce qu'il commence à dorer. Ajouter les haricots blancs, mélanger pour les enrober d'huile, puis ajouter le bouillon et porter à ébullition. Laisser mijoter 10 minutes. Mixer jusqu'à obtenir une consistance lisse et assaisonner. Verser un filet d'huile.

BROCOLI & BLEU

pour 2 à 4 personnes

600 g de brocoli, les tiges finement hachées et les fleurettes coupées en petits morceaux
100 g de bleu, la croûte retirée et émietté
1 oignon moyen, coupé en dés
750 ml d'eau
1 cuillerée à soupe de beurre doux

recette

Faire fondre le beurre et y faire cuire l'oignon à couvert, en remuant de temps à autre, jusqu'à ce qu'il soit bien tendre. Ajouter les tiges de brocoli et laisser cuire 5 minutes, en mélangeant. Verser l'eau, porter à ébullition, puis ajouter les fleurettes de brocoli. Laisser frémir jusqu'à ce que le brocoli soit bien tendre. Mixer jusqu'à obtenir une consistance lisse. Garnir de stilton émietté.

CÉLERI-RAVE & POMME

pour 2 à 4 personnes

1 céleri-rave moyen (environ 550 g), épluché et coupé en petits morceaux
1 grosse pomme (environ 250 g) épépinée et coupée en petits morceaux
1 gros oignon coupé en dés
10 grandes feuilles de sauge hachées
4 cuillerées à soupe de crème liquide ou épaisse
750 ml d'eau
1 cuillerée à soupe d'huile d'olive
chips de légumes-racines pour la garniture
échalotes frites pour la garniture
fleur de sel et poivre

c'est meilleur en hiver

recette

Faire chauffer l'huile et y cuire l'oignon à couvert, en remuant de temps à autre, jusqu'à ce qu'il soit tendre. Ajouter le céleri-rave, la pomme et la sauge et laisser cuire 10 minutes à couvert, en mélangeant de temps en temps. Verser l'eau, porter à ébullition puis laisser mijoter jusqu'à ce qu'ils soient bien tendres. Mixer jusqu'à obtenir une consistance lisse, ajouter la crème et assaisonner. Garnir de chips de légumes-racines et d'échalotes frites.

POIS CHICHES & NOISETTES

pour 2 à 4 personnes

75 g de lard fumé (environ 2 tranches épaisses), coupé en lardons
1 oignon coupé en dés
50 g de noisettes en poudre
2 cuillerées à café de thym
400 g de pois chiches en conserve, égouttés et rincés
750 ml d'eau
1 portion de crème fraîche au citron et aux herbes (voir page 186)
huile d'olive

c'est meilleur en automne

recette

Faire revenir le lard dans un filet d'huile jusqu'à ce qu'il commence à devenir croustillant. Ajouter l'oignon et laisser cuire jusqu'à ce qu'il soit bien tendre. Ajouter les noisettes en poudre et le thym et faire cuire 1 minute. Ajouter les pois chiches et l'eau, porter à ébullition puis laisser mijoter 15 minutes. Mixer jusqu'à obtenir une consistance lisse. Surmonter de crème fraîche au citron et aux herbes et arroser d'un filet d'huile.

LÉGUMES-RACINES AU CURRY

pour 2 à 4 personnes

250 g de courge butternut épluchée, coupée en petits morceaux
175 g de rutabagas épluchés, coupés en petits morceaux
2 panais moyens, pelés et coupés en petits morceaux
1 oignon moyen, finement haché
1 litre d'eau
1 ½ cuillerée à café de curry en poudre
2 cuillerées à soupe d'huile d'olive
fleur de sel et poivre

c'est meilleur en automne

recette

Faire chauffer l'huile et y cuire l'oignon, la courge, les panais et les rutabagas 15 minutes à couvert, en remuant de temps à autre. Ôter le couvercle et laisser cuire 10 minutes, en mélangeant de temps en temps. Ajouter le curry et faire cuire 1 minute. Verser l'eau, porter à ébullition puis laisser mijoter jusqu'à ce que les légumes soient bien tendres. Mixer jusqu'à obtenir une consistance lisse. Assaisonner.

SOUPES À BASE DE BOUILLON

Dans ce chapitre, vous trouverez des soupes simples que l'on peut boire dans une tasse et d'autres comportant des morceaux que l'on peut servir sur une belle tranche de pain. Pour réaliser ces soupes, un bouillon de bonne qualité fera toute la différence.

SOUPE DE LÉGUMES AU PISTOU

pour 2 à 4 personnes

175 g de courgette coupée en petits morceaux
1 poireau moyen, taillé en demi-rondelles
1 branche de céleri coupée en petits morceaux
2 carottes moyennes, coupées en petits morceaux
1 cuillerée à café bombée de feuilles de thym
1 litre de bouillon de légumes
1 portion de pistou (voir page 180)
1 cuillerée à soupe d'huile d'olive
fleur de sel et poivre

c'est meilleur en été

recette

Faire chauffer l'huile et y cuire le poireau, le céleri et les carottes, 10 minutes à couvert, en remuant de temps à autre. Ajouter le thym et laisser cuire 1 minute. Ajouter la courgette et poursuivre la cuisson 5 minutes. Verser le bouillon, porter à ébullition puis laisser mijoter jusqu'à ce que les légumes soient entre fermes et tendres. Assaisonner et ajouter 3 cuillerées à soupe de pistou.

ASPERGES & PARMESAN

pour 2 à 4 personnes

450 g d'asperges, la base dure retirée, coupées en petits morceaux
2 poireaux moyens, finement émincés
100 g de croûtes de parmesan
1 litre de bouillon de volaille ou de légumes
1 cuillerée à soupe d'huile d'olive
fleur de sel et poivre

c'est meilleur au printemps

recette

Faire chauffer l'huile et y cuire les poireaux, 10 minutes à couvert, en remuant de temps à autre. Ajouter le bouillon et les croûtes de parmesan. Porter à ébullition puis laisser mijoter 15 minutes. Ajouter les asperges et laisser frémir jusqu'à ce qu'elles soient entre fermes et tendres. Retirer les croûtes de parmesan et assaisonner.

OIGNON & CIDRE

pour 2 à 4 personnes

1 kg d'oignons (environ 4 gros) émincés
350 ml de cidre brut
1 litre de bouillon de volaille
1 feuille de laurier
1 cuillerée à café de farine
2 cuillerées à soupe de beurre doux
1 portion de croûtons aux graines et au fromage, réalisés avec du gruyère et du pain blanc (voir page 170)
fleur de sel et poivre

c'est meilleur au printemps

recette

Faire fondre le beurre et y cuire les oignons ainsi que la feuille de laurier 15 minutes à couvert. Ôter le couvercle et laisser cuire, en remuant de temps à autre, jusqu'à ce que les oignons soient bien dorés, pendant 1 heure environ. Ajouter la farine et poursuivre la cuisson 1 minute. Verser le cidre et laisser frémir jusqu'à ce qu'il ait réduit en grande partie. Ajouter le bouillon, porter à ébullition, puis laisser mijoter 20 minutes. Assaisonner et garnir de croûtons.

CHOU ROUGE & POMME

pour 4 personnes

450 g de chou rouge (soit ½ chou moyen ou 1 petit), le cœur retiré, émincé
2 pommes braeburn, cox ou pink lady
1 oignon moyen, haché
1 litre de bouillon de volaille ou de légumes
75 ml de vinaigre de vin rouge
1 cuillerée à soupe de sucre brun
1 petite poignée d'aneth haché
2 cuillerées à soupe d'huile d'olive
fleur de sel et poivre

c'est meilleur au printemps

recette

Faire chauffer l'huile et y cuire l'oignon à feu doux pendant 10 minutes à couvert. Peler 1 pomme, la couper en quatre, l'épépiner et la couper en petits morceaux. Augmenter le feu à modéré, ajouter la pomme ainsi que le chou et laisser cuire 5 minutes. Ajouter le bouillon, le vinaigre et le sucre, porter à ébullition, couvrir et laisser mijoter 30 minutes. Ôter le couvercle et laisser frémir jusqu'à ce que le chou soit tendre. Ajouter une grande partie de l'aneth et assaisonner. Tailler la pomme restante en allumettes et en garnir la soupe en ajoutant également le reste d'aneth.

SOUPE THAÏE ÉPICÉE AU POTIRON

pour 2 à 4 personnes

900 g de potiron épluché et coupé en petits morceaux
400 ml de lait de coco allégé
2 cuillerées à soupe de pâte de curry rouge thaïe
400 ml d'eau
1 cuillerée à café de sucre de coco (ou de sucre roux)
2 cuillerées à soupe de jus de citron vert
2 ou 3 cuillerées à café de sauce nuoc-mâm
1 petit bouquet de basilic thaï ciselé grossièrement
2 cuillerées à soupe d'huile végétale

c'est meilleur en automne

recette

Faire chauffer l'huile et y cuire la pâte de curry pendant 1 minute. Verser le lait de coco ainsi que l'eau et porter à frémissement. Ajouter le potiron et le sucre puis laisser cuire jusqu'à ce que le potiron soit tendre. Ajouter la sauce nuoc-mâm, le jus de citron vert et le basilic thaï.

BROCOLI & CITRON CONFIT

pour 2 à 4 personnes

450 g de brocoli, les tiges hachées et la tête séparée
en toutes petites fleurettes
1 citron confit, épépiné et grossièrement haché
1 grosse échalote finement hachée
1 litre de bouillon de volaille ou de légumes
100 g de croûtes de parmesan
1 portion de dukkah aux noisettes (voir page 178)
2 cuillerées à soupe d'huile d'olive
fleur de sel et poivre

c'est meilleur en automne

recette

Faire chauffer l'huile et y cuire l'échalote, 10 minutes à couvert. Ajouter les tiges de brocoli et poursuivre la cuisson 5 minutes. Ajouter le citron, le bouillon et les croûtes de parmesan. Porter à ébullition puis laisser mijoter 10 minutes. Ajouter les fleurettes de brocoli et laisser frémir jusqu'à ce qu'elles soient entre fermes et tendres. Saupoudrer de dukkah et assaisonner.

COURGE POIVRÉE & VANILLE

pour 2 à 4 personnes

700 g de courge poivrée, épluchée, coupée en morceaux
et cuite au four (350 g une fois cuite)
150 ml de crème liquide ou épaisse
500 ml d'eau
½ gousse de vanille coupée en deux dans la longueur
et les graines grattées
fleur de sel et poivre

recette

Mettre l'eau, les graines de vanille et la demi-gousse grattée dans une casserole et laisser frémir 5 minutes. Ajouter la courge cuite et la crème, ramener à frémissement puis retirer du feu. Assaisonner et jeter la gousse de vanille.

DÉTOX ASIATIQUE

pour 2 à 4 personnes

1 tige de citronnelle coupée en trois puis dans la longueur
2 ciboules hachées
1 morceau de gingembre de 15 g, pelé et émincé
1 litre de bouillon de volaille
½ piment rouge, finement émincé
2 cuillerées à soupe de jus de citron vert
1 poignée de coriandre pour le service

c'est meilleur au printemps

recette

Porter le bouillon à ébullition, puis ajouter le reste des ingrédients, sauf la coriandre. Ramener à ébullition, puis laisser frémir 15 minutes à feu très doux. Garnir de coriandre.

MINESTRONE AUX LÉGUMES VERTS

pour 2 à 4 personnes

85 g de pâtes ditilini
100 g de fèves écossées et dérobées
125 g de haricots verts, équeutés et coupés en petits morceaux
200 g d'asperges parées et coupées en petits morceaux
1,2 litre de bouillon de légumes
4 ciboules émincées
2 cuillerées à soupe d'aneth haché
huile d'olive en filet pour servir
fleur de sel et poivre

c'est meilleur au printemps

recette

Porter le bouillon à ébullition. Ajouter les ditilini et laisser cuire 7 minutes. Ajouter le reste des ingrédients, sauf l'aneth, et laisser frémir jusqu'à ce que les légumes soient entre fermes et tendres. Ajouter l'aneth, assaisonner et verser un filet d'huile.

SOUPE MISO

pour 2 à 4 personnes

75 g de pâte de miso (rouge, jaune ou blanc)
1 litre de bouillon dashi épicé (réalisé avec 1 ½ cuillerée à café de granulés de dashi)
175 g de tofu soyeux, coupé en dés
2 cuillerées à café de wakamé séché prêt à l'emploi (algue), réhydraté dans de l'eau chaude
1 ciboule finement émincée

recette

Incorporer peu à peu la pâte de miso dans le bouillon dashi, au fouet. Ajouter le tofu, porter à très léger frémissement et retirer du feu. Servir dans des bols puis ajouter le wakamé et la ciboule.

MISO & CHAMPIGNONS

pour 2 à 4 personnes

240 g de nouilles soba cuites (110 g avant cuisson)
75 g de pâte de miso (rouge, jaune ou blanc)
1 litre de bouillon dashi épicé (réalisé avec 1 ½ cuillerée à café de granulés de dashi)
4 mini pak choï (environ 120 g) coupés en quatre
75 g de champignons enoki

recette

Incorporer peu à peu la pâte de miso dans le bouillon dashi, au fouet. Amener à très léger frémissement. Ajouter les pak choï et faire cuire 2 minutes en laissant à peine frémir. Ajouter les champignons et laisser mijoter 2 minutes. Verser sur les nouilles.

SOUPE ÉPAISSE AU MAÏS

pour 2 à 4 personnes

4 tranches épaisses de lard fumé, coupées en lardons
200 g de maïs frais ou surgelé, décongelé
(si vous utilisez du maïs frais, égrainer 1 gros épi de maïs)
1 poireau moyen, émincé en fines demi-rondelles
1 pomme de terre moyenne, à peau rouge, coupée en dés
750 ml de bouillon de volaille
250 ml de lait
30 g de farine
huile d'olive pour la cuisson
fleur de sel et poivre

c'est meilleur en été

recette

Faire cuire les lardons dans un peu d'huile jusqu'à ce qu'ils soient croustillants. Les retirer de la casserole, vider le gras rendu sauf 2 cuillerées à soupe, ajouter le poireau et la pomme de terre puis laisser cuire 15 minutes à couvert. Ajouter la farine, mélanger, et poursuivre la cuisson 1 minute. Ajouter le bouillon, le lait et une grande partie des lardons. Porter à ébullition puis laisser mijoter jusqu'à ce que la pomme de terre soit tendre. Ajouter les grains de maïs et laisser frémir 2 minutes. Assaisonner, retirer l'épi de maïs et garnir de lardons.

AIL, POMME DE TERRE & ŒUFS POCHÉS

pour 2 à 4 personnes

150 g d'ail des bois, lavé et finement émincé (le vert et le blanc séparés)
1 pomme de terre moyenne à peau rouge, coupée en petits morceaux
100 g de croûtes de parmesan
4 gros œufs
1 litre de fumet de poisson
1 cuillerée à soupe de paprika
3 cuillerées à soupe d'huile d'olive
fleur de sel et poivre

recette

Faire chauffer l'huile et y cuire la partie blanche de l'ail des bois pendant 2 minutes. Ajouter le paprika et faire cuire 1 minute. Ajouter le fumet de poisson, la pomme de terre et les croûtes de parmesan. Porter à ébullition, puis laisser mijoter jusqu'à ce que la pomme de terre soit juste tendre. Gratter le fromage s'il en reste sur les croûtes, le hacher et le remettre dans la soupe, en jetant les croûtes. Ajouter le vert de l'ail des bois et laisser cuire 3 minutes. Casser les œufs un à un dans la soupe et laisser à peine frémir pendant 2 à 3 minutes. Assaisonner.

SOUPES COMPLÈTES

Ces soupes constitueront un plat complet bienvenu
après une longue journée hivernale. Consistantes,
elles offrent aussi des saveurs prononcées.

SOUPE D'HIVER LENTILLES & VIN

pour 4 personnes

200 g de lentilles blondes
2 carottes moyennes, coupées en dés
1 oignon moyen, coupé en dés
1 cuillerée à soupe de concentré de tomate
1 litre d'eau
2 gousses d'ail pressées
2 cuillerées à soupe de vin rouge
2 cuillerées à soupe d'huile d'olive
fleur de sel et poivre

recette

Faire chauffer l'huile et y cuire l'oignon et les carottes 10 minutes à couvert. Ajouter les lentilles, le concentré de tomate ainsi que l'ail et laisser cuire 1 minute. Verser l'eau, porter à ébullition puis laisser mijoter jusqu'à ce que les lentilles soient tendres. Ajouter le vin et assaisonner.

BŒUF & ORGE PERLÉ

pour 2 à 4 personnes

300 g de bœuf à braiser, paré et coupé en petits morceaux
100 g d'orge perlé
3 grosses échalotes émincées
2 carottes coupées en petits morceaux
1 cuillerée à soupe de concentré de tomate
2 cuillerées à café de feuilles de thym
1,25 litre de bouillon de bœuf
1 cuillerée à soupe d'huile d'olive
fleur de sel et poivre

recette

Faire chauffer l'huile et y faire dorer la viande sur toutes ses faces. Baisser sur feu modéré à doux, repousser la viande sur le côté et ajouter les échalotes, les carottes et le thym puis laisser cuire 15 minutes. Ajouter l'orge ainsi que le concentré de tomate et faire cuire 1 minute. Verser le bouillon et laisser mijoter à couvert jusqu'à ce que la viande soit tendre et l'orge cuite. Assaisonner.

RAGOÛT CHOU & LARD FUMÉ

pour 2 à 4 personnes

500 g de chou émincé
400 g de haricots coco roses en conserve, avec leur jus
1 poireau taillé en fines demi-rondelles
4 tranches épaisses de lard fumé, coupées en lardons
1,2 litre de bouillon de volaille
1 petite poignée de persil plat, haché
huile d'olive pour la cuisson
fleur de sel et poivre
pain de campagne pour le service

c'est meilleur en automne

recette

Faire cuire les lardons dans un filet d'huile jusqu'à ce qu'ils soient croustillants. Les mettre de côté, en laissant 2 cuillerées à soupe de gras dans la casserole. Ajouter le poireau et laisser cuire doucement pendant 20 minutes. Ajouter les haricots (et leur jus), le bouillon ainsi que les lardons. Porter à ébullition puis laisser mijoter 10 minutes. Ajouter le chou et laisser cuire jusqu'à ce qu'il soit tendre. Incorporer le persil, assaisonner et servir avec le pain.

POULET & PÂTES

pour 2 à 4 personnes

200 g de restes de poulet rôti, la peau retirée et la chair effilochée
200 g de mange-tout équeutés et coupés en trois
125 g de pâtes aux œufs
2 carottes moyennes, coupées en petits morceaux
2 ciboules grossièrement hachées
1 litre de bouillon de volaille
1 poignée d'herbes en mélange (persil plat, estragon et menthe, par exemple)
fleur de sel et poivre

c'est meilleur au printemps

recette

Porter le bouillon à ébullition. Ajouter tous les ingrédients, sauf les herbes, et laisser mijoter 5 minutes. Ajouter les herbes et assaisonner.

RAGOÛT D'AGNEAU IRLANDAIS

pour 4 personnes

450 g d'agneau à braiser, coupé en petits morceaux
100 g d'oignons grelots, épluchés
2 carottes moyennes, coupées en petits morceaux
1 branche de céleri hachée
1 grosse pomme de terre coupée en morceaux de 2,5 cm
1 litre de bouillon d'agneau ou de bœuf
3 brins de thym
1 cuillerée à soupe d'huile d'olive
fleur de sel et poivre

c'est meilleur au printemps

recette

Faire chauffer l'huile, assaisonner l'agneau et le faire dorer sur toutes ses faces. Baisser à feu doux, repousser la viande sur le côté, ajouter les oignons, les carottes, le céleri et le thym puis laisser cuire 10 minutes. Ajouter le bouillon et la pomme de terre. Porter à ébullition et laisser frémir jusqu'à ce que l'agneau et la pomme de terre soient bien tendres. Jeter le thym et assaisonner.

SOUPE SOLEIL

pour 4 personnes

200 g de lentilles corail, cassées
1 oignon coupé en dés fins
1 cuillerée à café de cumin moulu
½ cuillerée à café de curcuma
60 ml de jus de citron
1 belle poignée de coriandre hachée
1 litre d'eau
1 cuillerée à soupe d'huile d'olive
fleur de sel et poivre

c'est meilleur au printemps

131

recette

Faire chauffer l'huile et y cuire l'oignon, à couvert, jusqu'à ce qu'il soit bien tendre. Ajouter le cumin et le curcuma et laisser cuire 1 minute. Ajouter les lentilles, l'eau et le jus de citron. Porter à ébullition puis laisser frémir tout doucement pendant 25 minutes jusqu'à ce que les lentilles se défassent. Assaisonner et garnir de coriandre.

BOUILLABAISSE MINUTE

pour 4 personnes

700 g de poisson et de fruits de mer en mélange
(cabillaud, flétan, crevettes, palourdes, moules, par exemple)
1,25 litre de fumet de poisson
1 bulbe de fenouil finement émincé, les pluches réservées pour le service
1 oignon finement émincé
2 gousses d'ail finement émincées
1 belle pincée de filaments de safran
200 g de tomates pelées en conserve, écrasées
2 cuillerées à soupe d'huile d'olive

c'est meilleur au printemps

recette

Faire chauffer l'huile et y faire revenir l'oignon, le fenouil et l'ail pendant 10 minutes jusqu'à ce qu'ils soient à peine dorés. Ajouter le safran, les tomates et le fumet de poisson. Porter à ébullition puis laisser mijoter jusqu'à ce que le fumet ait réduit de moitié. Couper le poisson en morceaux, l'ajouter, et laisser cuire 2 minutes. Ajouter les fruits de mer et faire cuire jusqu'à ce que les coquillages commencent à s'ouvrir et que les crevettes soient roses. Assaisonner et parsemer de pluches de fenouil.

DAHL À LA NOIX DE COCO

pour 2 à 4 personnes

570 g de lentilles corail, cuites (200 g crues)
400 ml de lait de coco allégé
2 grosses échalotes
1 morceau de gingembre de 20 g, épluché et finement râpé
1 petite poignée de feuilles de curry séchées
2 cuillerées à soupe d'huile d'olive
fleur de sel et poivre

c'est meilleur en automne

recette

Faire chauffer l'huile et y cuire les échalotes jusqu'à ce qu'elles commencent à dorer. Ajouter le gingembre ainsi que les feuilles de curry et laisser cuire 1 minute. Ajouter les lentilles et le lait de coco, porter à ébullition puis retirer du feu et assaisonner.

TOMATE, HARICOTS BLANCS & HARISSA

pour 4 personnes

400 g de gros haricots blancs en conserve, égouttés et rincés
800 g de tomates pelées en conserve, écrasées
2 poignées de petites feuilles d'épinard, les tiges dures retirées
250 ml d'eau
1 gros oignon finement émincé
1 gousse d'ail finement hachée
2 cuillerées à café de harissa
3 cuillerées à soupe d'huile d'olive
fleur de sel et poivre

c'est meilleur en hiver

recette

Faire chauffer l'huile et y cuire l'oignon jusqu'à ce qu'il soit bien tendre et qu'il commence à dorer, pendant 15 minutes environ. Ajouter l'ail et laisser cuire 1 minute. Ajouter la harissa et mélanger pour l'incorporer, puis ajouter les tomates et l'eau. Porter à ébullition et laisser mijoter 5 minutes. Incorporer les haricots blancs, ramener à frémissement et laisser mijoter 5 minutes. Retirer du feu, ajouter les épinards et mélanger jusqu'à ce qu'ils soient juste fondus, puis assaisonner.

SAUCISSE & ÉPEAUTRE

pour 2 à 4 personnes

4 saucisses de Cumberland cuites, coupées en rondelles (environ 225 g) ou, à défaut, des saucisses aux herbes
200 g d'épeautre cuit (85 g cru)
100 g de feta émiettée
100 g de petites feuilles d'épinard, les tiges dures retirées, grossièrement hachées
1 oignon moyen, coupé en dés fins
½ citron
1 litre de bouillon de volaille
1 cuillerée à soupe d'huile d'olive
fleur de sel et poivre

recette

Faire chauffer l'huile et y cuire l'oignon 10 minutes à couvert. Ajouter les saucisses et laisser cuire jusqu'à ce qu'elles commencent à dorer. Ajouter le bouillon et le demi-citron, porter à ébullition puis laisser mijoter doucement pendant 10 minutes. Presser le citron dans la soupe puis le jeter. Ajouter l'épeautre ainsi que les épinards et les laisser réchauffer. Assaisonner et garnir de feta.

HARICOTS BLANCS & HADDOCK

pour 2 à 4 personnes

300 g de haddock sans colorant, la peau retirée
400 g de petits haricots blancs en conserve, égouttés et rincés
100 ml de crème entière
1 oignon moyen, haché
1 cuillerée à café de curcuma
500 ml d'eau
2 brins d'estragon hachés pour le service
1 cuillerée à soupe d'huile d'olive
fleur de sel et poivre

c'est meilleur au printemps

recette

Faire chauffer l'huile et y cuire l'oignon jusqu'à ce qu'il soit tendre et qu'il commence à colorer. Ajouter le curcuma et laisser cuire 1 minute. Ajouter les haricots, l'eau ainsi que la crème et laisser mijoter 5 minutes à couvert. Ajouter le poisson et faire cuire, à couvert, jusqu'à ce qu'il soit juste cuit et sa chair feuilletée. Mixer la moitié de la soupe et du poisson jusqu'à obtenir une consistance lisse. Mélanger avec la moitié de la soupe non mixée. Émietter le reste de poisson dans la soupe, poivrer et réchauffer doucement. Garnir d'estragon.

TORTELLINIS À LA TOSCANE

pour 4 personnes

1 petit oignon coupé en dés
1 branche de céleri finement hachée
1 gousse d'ail finement hachée
1 cuillerée à café d'origan séché
450 g de tortellinis au fromage
800 g de tomates concassées en conserve, écrasées
500 ml d'eau
3 cuillerées à soupe d'huile d'olive
fleur de sel et poivre

c'est meilleur au printemps

recette

Faire chauffer l'huile et y cuire l'oignon, le céleri, l'ail et l'origan 15 minutes à couvert. Ôter le couvercle et poursuivre la cuisson 10 minutes. Ajouter les tomates, porter à ébullition puis laisser mijoter 15 minutes. Verser l'eau, ramener à ébullition et faire cuire les tortellinis. Assaisonner.

ARC-EN-CIEL DE BETTES & QUINOA

pour 4 personnes

250 g de bettes de couleurs diverses,
les côtes finement hachées et les feuilles hachées
550 g de quinoa rouge, cuit (180 g cru)
80 à 100 g de croûtes de parmesan
1 oignon coupé en dés
2 gousses d'ail finement hachées
½ citron
1 litre de bouillon de légumes
2 cuillerées à soupe d'huile d'olive
fleur de sel et poivre

recette

Faire chauffer l'huile et y cuire l'oignon ainsi que les côtes de bette 10 minutes à couvert. Ôter le couvercle et laisser cuire jusqu'à ce que les légumes commencent à colorer. Ajouter l'ail et poursuivre la cuisson 1 minute. Ajouter le jus du demi-citron et le demi-citron pressé. Ajouter le bouillon ainsi que les croûtes de parmesan. Porter à ébullition et laisser mijoter 10 minutes. Ajouter les feuilles de bette et laisser cuire jusqu'à ce qu'elles soient fondues. Jeter le demi-citron, hacher le parmesan s'il en reste sur les croûtes et l'ajouter à la soupe après avoir jeté les croûtes. Assaisonner et verser sur le quinoa.

TAMARIN & POIS CHICHES

pour 2 à 4 personnes

580 g de pois chiches en conserve
1 oignon moyen, finement haché
1 gousse d'ail finement hachée
2 cuillerées à café de curry en poudre
2 cuillerées à soupe de pâte de tamarin
80 g de tomates pelées en conserve, écrasées
200 ml d'eau
2 cuillerées à soupe d'huile d'olive
2 cuillerées à soupe de jus de citron
fleur de sel et poivre

recette

Faire chauffer l'huile et y cuire l'oignon et l'ail, 10 minutes à couvert. Ajouter le curry et poursuivre la cuisson 1 minute. Ajouter le tamarin et laisser cuire 1 minute. Ajouter les tomates et l'eau. Porter à ébullition, puis laisser mijoter 20 minutes. Ajouter les pois chiches et laisser frémir 5 minutes. Ajouter le jus de citron et assaisonner.

POIS CASSÉS & JAMBON

pour 4 personnes

200 g de pois cassés
200 g de jambon cuit, coupé en morceaux
1 oignon moyen, haché
1 carotte moyenne, coupée en petits morceaux
1 branche de céleri coupée en petits morceaux
1,2 litre d'eau
1 feuille de laurier
2 cuillerées à soupe d'huile d'olive
fleur de sel et poivre

c'est meilleur en hiver

recette

Faire chauffer l'huile et y cuire l'oignon, la carotte et le céleri, à couvert, jusqu'à ce qu'ils soient bien tendres. Ajouter l'eau, les pois, le jambon et la feuille de laurier. Porter à ébullition et laisser mijoter jusqu'à ce que les pois soient tendres, pendant 1 heure environ. Assaisonner.

POULET RÔTI

pour 2 à 4 personnes

1 poireau moyen, coupé en demi-rondelles
1 pomme de terre moyenne à peau rouge (environ 150 g), coupée en petits morceaux
2 carottes moyennes, coupées en petits morceaux
200 g de poulet rôti, effiloché
75 g de petits pois surgelés, décongelés
1 litre d'eau
2 cuillerées à café de feuilles de romarin finement hachées
2 cuillerées à soupe d'huile d'olive
fleur de sel et poivre

recette

Faire chauffer l'huile et y cuire le poireau, la pomme de terre, les carottes et le romarin 15 minutes à couvert. Verser l'eau, porter à ébullition et laisser mijoter 10 minutes. Ajouter le poulet puis mixer la moitié de la soupe. Incorporer les petits pois et laisser frémir jusqu'à ce qu'ils soient chauds. Assaisonner.

RIBOLLITA AU CHOU

pour 2 à 4 personnes

300 g de chou cavolo nero, ou de chou kale, les côtes dures retirées, grossièrement haché
1 oignon rouge, coupé en dés
2 gousses d'ail coupées en dés fins
400 g de tomates pelées en conserve, écrasées
750 ml de bouillon de légumes
400 g de haricots blancs en conserve, avec leur jus
2 cuillerées à soupe d'huile d'olive + 1 filet pour servir
3 tranches de bon pain rassis (environ 85 g)
fleur de sel et poivre

c'est meilleur en automne

recette

Faire chauffer l'huile et y cuire l'oignon et l'ail 15 minutes à couvert. Ôter le couvercle et laisser cuire jusqu'à ce que l'oignon commence à colorer. Ajouter les tomates, porter à ébullition, puis laisser mijoter 15 minutes. Ajouter le bouillon, le chou ainsi que les haricots avec leur jus et laisser frémir 30 minutes. Déposer les tranches de pain sur le dessus, verser un filet d'huile d'olive et laisser ainsi pendant 10 minutes, puis incorporer dans la soupe et assaisonner.

CHORIZO & FRUITS DE MER

pour 4 personnes

400 g de crevettes décortiquées et de saumon sans peau,
le tout coupé en morceaux de 2,5 cm
200 g de pois chiches cuits ou en conserve
100 g de chorizo, la peau retirée, et coupé en rondelles
1 oignon moyen finement émincé
2 gousses d'ail finement émincées
800 g de tomates pelées en conserve, écrasées
1 petite poignée de persil plat, frais
fleur de sel et poivre

recette

Faire cuire le chorizo jusqu'à ce qu'il rende du gras et qu'il commence à devenir croustillant. Ajouter l'oignon et l'ail et laisser cuire 10 minutes, tout en remuant. Ajouter les tomates et 200 ml d'eau. Porter à ébullition et laisser mijoter 15 minutes. Ajouter le mélange de crevettes et de saumon ainsi que les pois chiches et faire cuire 2 minutes. Assaisonner et parsemer de persil.

SOUPE AUX RAVIOLES

pour 2 à 4 personnes

125 g de mange-tout finement émincés en biais
2 cuillerées à soupe de sauce soja allégée en sel
12 ravioles aux légumes toutes prêtes
1 litre de bouillon de légumes
4 ciboules finement émincées
1 morceau de gingembre de 15 g, épluché et finement émincé
½ à 1 piment rouge, finement émincé

recette

Porter le bouillon à ébullition, puis ajouter les ciboules, le gingembre ainsi que le piment et laisser mijoter 15 minutes. Ajouter la sauce soja, les mange-tout et les ravioles puis faire cuire le temps indiqué sur l'emballage de ces dernières.

TOMATES & ROMARIN

pour 2 à 4 personnes

200 g de tomates cerises, coupées en deux
800 g de tomates entières rôties, écrasées, ou de tomates pelées en conserve
250 ml d'eau
1 beau brin de romarin
1 portion de croûtons aux graines et au fromage réalisés avec de la ciabatta (voir page 170)
3 gousses d'ail finement hachées
3 cuillerées à soupe d'huile d'olive + 1 filet pour servir
fleur de sel et poivre

c'est meilleur en automne

recette

Faire chauffer l'huile et y cuire l'ail jusqu'à ce qu'il soit ramolli. Ajouter les tomates cerises et laisser cuire 5 minutes en remuant. Ajouter les tomates, l'eau et le romarin. Porter à ébullition et laisser mijoter doucement pendant 25 minutes. Retirer du feu, jeter le romarin et incorporer les croûtons. Laisser reposer 10 minutes. Assaisonner et verser un filet d'huile.

TAJINE AUX LÉGUMES RÔTIS

pour 4 personnes

750 g de carottes, de poivrons rouges et d'oignons rouges rôtis en mélange (voir page 10) (900 g crus, soit 2 de chaque)
800 g de tomates pelées en conserve, écrasées
80 g de semoule à gros grains
75 g d'abricots secs, coupés en quatre
100 g de pois chiches cuits ou en conserve, égouttés et rincés
500 ml d'eau
1 cuillerée à soupe d'huile d'olive
½ cuillerée à café de ras el-hanout
fleur de sel et poivre

recette

Faire chauffer l'huile et y faire griller le ras el-hanout pendant 1 minute. Ajouter les tomates, les abricots et l'eau. Porter à ébullition puis laisser mijoter 10 minutes. Ajouter la semoule et laisser frémir 10 minutes. Ajouter les légumes rôtis et les pois chiches, ramener à ébullition puis retirer du feu. Assaisonner.

DHAL AUX ÉPICES DOUCES

pour 4 personnes

200 g de lentilles jaunes, cassées
2 grosses échalotes finement émincées
1 cuillerée à café de mélange d'épices (cannelle, noix muscade, quatre-épices…)
½ cuillerée à café de curcuma
400 ml de lait de coco
1 litre d'eau
1 poignée de copeaux de noix de coco fraîche, légèrement grillés
1 cuillerée à soupe d'huile végétale
fleur de sel et poivre

c'est meilleur en hiver

recette

Faire chauffer l'huile et y cuire les échalotes, 5 minutes à couvert. Ôter le couvercle et laisser cuire jusqu'à ce qu'elles commencent à colorer. Ajouter les épices et faire cuire 1 minute. Ajouter les lentilles, mélanger, puis verser l'eau. Porter à ébullition et laisser mijoter 40 minutes. Ajouter le lait de coco et laisser cuire jusqu'à ce que les lentilles soient bien tendres. Assaisonner. Garnir de noix de coco grillée.

TOMATES ANCIENNES & BURRATA

pour 4 personnes

800 g de tomates cerises de couleurs diverses, coupées en deux
400 g de burrata
2 grosses gousses d'ail finement émincées
2 anchois
4 cuillerées à soupe d'huile d'olive
1 petite poignée de feuilles de basilic déchirées
fleur de sel et poivre

recette

Faire chauffer l'huile et y cuire l'ail 1 minute. Ajouter les anchois et poursuivre la cuisson, en les brisant avec le dos d'une cuillère, pendant 1 minute. Ajouter les tomates, assaisonner et laisser cuire jusqu'à ce que les tomates commencent à se défaire et à ramollir. Garnir de basilic et de burrata.

GARNITURES ET TARTINES

Simples et faciles à préparer, les garnitures et les tartines permettent d'apporter de la texture et de la fantaisie à vos soupes, tout en offrant un beau visuel. Associez comme bon vous semble les idées des pages suivantes avec les recettes de soupes.

HUILE PIMENTÉE

pour 250 ml

1 cuillerée à café de piment en poudre
2 piments rouges, séchés, entiers
250 ml d'huile d'olive

parfait avec

Gaspacho (page 18)
Raita (page 24)
Légumes-racines au curry (page 88)
Minestrone aux légumes verts (page 108)

épicé

recette

Dans une petite casserole, faire chauffer l'huile et les piments à feu doux pendant 4 minutes. Retirer du feu et laisser tiédir légèrement. Transférer dans un pot ou dans un bocal stérilisé.

CROÛTONS AUX GRAINES & AU FROMAGE

pour 4 personnes

150 g de pain de campagne aux graines, déchiré en morceaux grossiers
25 g de parmesan râpé
2 cuillerées à soupe d'huile d'olive
¼ de cuillerée à café de fleur de sel
¼ de cuillerée à café de poivre

salé

parfait avec

Crème de tomate & basilic (page 46)
Chou-fleur & cheddar (page 76)
Oignon & cidre (page 96)
Ail, pomme de terre & œufs pochés (page 116)

recette

Préchauffer le four à 190 °C (th. 6-7). Mélanger tous les ingrédients et les répartir sur une plaque de four. Enfourner pendant 10 à 15 minutes jusqu'à ce que les croûtons soient dorés et croustillants.

CHAPELURE AU CHORIZO

pour 4 personnes

125 g de chorizo frais, la peau retirée, et coupé en petits morceaux
20 g de chapelure japonaise (Panko)
20 g d'amandes grillées non salées, concassées
le zeste râpé de ½ citron

parfait avec

salé

Crème de navet (page 54)
Délice rouge au poivron (page 56)
Topinambours (page 62)
Tomate, haricots blancs & harissa (page 136)

recette

Faire chauffer une grande poêle à feu doux et y faire revenir le chorizo, en brisant les morceaux avec le dos d'une cuillère, jusqu'à ce qu'il soit bien croustillant. Ajouter la chapelure et les amandes puis laisser cuire 2 minutes. Retirer du feu et ajouter le zeste de citron.

TARTINES DE CHUTNEY AU BLEU

pour 2 à 4 personnes

4 tranches de bon pain de campagne
4 cuillerées à soupe de chutney
200 g de bleu friable, du stilton par exemple

doux

parfait avec

Vichyssolse (page 26)
Crème de navet (page 54)
Chou rouge & pomme (page 98)
Soupe hivernale lentilles & vin (page 120)

recette

Préchauffer le gril et y faire légèrement griller le pain sur une plaque de four tapissée de papier d'aluminium. Garnir de chutney et de fromage et remettre sous le gril jusqu'à ce que le bleu soit fondu et que des bulles apparaissent.

POIS CHICHES CROQUANTS

pour 4 personnes

225 g de pois chiches cuits ou en conserve
1 ½ cuillerée à café d'huile d'olive
¼ de cuillerée à café de fleur de sel
¼ de cuillerée à café de piment en poudre
¼ de cuillerée à café de paprika fumé

parfait avec

rustique

Soupe violette (page 30)
Carotte & crème de sésame (page 40)
Soupe Popeye épicée (page 60)
Dhal à la noix de coco (page 134)

recette

Préchauffer le four à 200 °C (th. 6-7). Bien essuyer les pois chiches avec du papier absorbant puis enlever les peaux. Mélanger les pois chiches avec l'huile, le sel, le piment et le paprika. Transférer sur une grande plaque de four et enfourner 30 à 35 minutes jusqu'à ce qu'ils soient croquants.

DUKKAH AUX NOISETTES

pour 4 personnes

50 g de noisettes grillées, non salées
1 cuillerée à soupe de graines de sésame
1 cuillerée à café de graines de cumin
1 cuillerée à café de graines de coriandre
½ cuillerée à café de fleur de sel

parfait avec

rustique

Concombre & herbes (page 32)
Carotte & coriandre (page 38)
Douceur de petits riens (page 50)
Courge poivrée & vanille (page 104)

recette

Faire légèrement griller les noisettes dans une poêle à sec puis verser dans le bol d'un mixeur. Faire légèrement griller les graines puis les ajouter dans le mixeur. Ajouter le sel et réduire en grosses miettes.

PISTOU

pour 1 pot de 225 g

50 g de basilic effeuillé
2 gousses d'ail grossièrement hachées
25 g de parmesan râpé
¼ de cuillerée à café de fleur de sel
¼ de cuillerée à café de poivre
3 ou 4 cuillerées à soupe d'huile d'olive
1 pincée de piment en poudre (facultatif)

parfait avec

parfumé

Soupe aux petits pois (page 28)
Mange-tout (page 58)
Soupe minceur au cresson (page 66)
Haricots blancs (page 80)

recette

À l'aide d'un mortier et d'un pilon, réduire le basilic, l'ail, le sel et le poivre en pâte. Ajouter le parmesan ainsi que l'huile et écraser en mélangeant. Ajouter le piment en poudre, si vous le souhaitez.

CHOU KALE AU ZAATAR

pour 2 à 4 personnes

200 g de chou kale, les côtes dures retirées, les feuilles déchirées
2 cuillerées à café de zaatar
1 cuillerée à soupe d'huile d'olive

rustique

parfait avec

Délice rouge au poivron (page 56)
Soupe épaisse au maïs (page 114)
Soupe soleil (page 130)
Tomate, haricots blancs & harissa (page 136)

recette

Préchauffer le four à 150 °C (th. 5-6). Essuyer soigneusement les feuilles de kale puis les enrober d'huile avec les doigts. Mélanger les feuilles dans le zaatar puis les répartir sur une plaque de four, en une seule épaisseur. Enfourner 20 à 25 minutes jusqu'à ce que les feuilles soient croustillantes.

RILLETTES DE MAQUEREAU FUMÉ

pour 4 personnes

175 g de maquereau fumé, la peau retirée
85 g de fromage frais
le zeste finement râpé et le jus de 1 citron
1 petite poignée de feuilles de persil plat, grossièrement hachées
¼ de cuillerée à café de poivre
4 tranches de pain de seigle aux graines, grillées

parfait avec

crémeux

Soupe aux petits pois (page 28)
Rêve d'avocat (page 34)
Courgette & brie (page 52)
Cresson, petits pois & menthe (page 68)

recette

Mixer ensemble le maquereau, le fromage frais, le zeste et le jus de citron. Ajouter le persil et le poivre, puis donner encore deux tours de mixeur. Servir sur du pain de seigle grillé.

CRÈME AU CITRON & AUX HERBES

pour 110 g

100 g de crème fraîche
2 cuillerées à café de zeste râpé de citron
1 ou 2 cuillerées à soupe de ciboulette finement ciselée
fleur de sel et poivre

parfait avec

Champignons rosés (page 48)
Fenouil & orange (page 70)
Fèves & amandes (page 74)
Pois chiches & noisettes (page 86)

crémeux

recette

Mélanger l'ensemble des ingrédients dans un petit saladier et assaisonner.

BOUILLONS ET FUMETS

BOUILLON DE LÉGUMES

pour environ 1 litre

2 oignons hachés
2 carottes coupées en petits morceaux
2 branches de céleri hachées
100 g de vert de poireau coupé en petits morceaux
200 g de champignons émincés
2 gousses d'ail
2 feuilles de laurier déchirées
4 beaux brins de thym
1 cuillerée à soupe de grains de poivre noir
125 g de croûtes de parmesan
1 cuillerée à soupe d'huile d'olive
1,5 litre d'eau

recette

Faire chauffer l'huile dans une casserole puis y faire revenir les oignons, les carottes, le céleri, le poireau, les champignons et l'ail pendant 5 à 7 minutes jusqu'à ce qu'ils soient un peu dorés. Ajouter les feuilles de laurier, le thym, les grains de poivre et les croûtes de parmesan, couvrir d'eau et porter à ébullition. Baisser le feu et laisser frémir doucement pendant 1 heure 30. Filtrer dans une passoire à mailles fines et ne garder que le bouillon.

BOUILLON DE VOLAILLE

pour environ 1 litre
(ou moins s'il est réduit)

2 pattes de poulet entières
1 oignon coupé en quatre
2 carottes coupées en trois
2 branches de céleri coupées en deux
2 feuilles de laurier
3 brins de thym
3 brins de persil plat
1 cuillerée à soupe de grains de poivre noir
2 à 3 litres d'eau

recette

Mettre le poulet, les légumes, les herbes et le poivre dans un faitout et couvrir d'eau. Porter à ébullition, puis réduire le feu et laisser à peine frémir, pendant 3 heures, en écumant si besoin les impuretés qui remontent en surface. Filtrer dans une passoire à mailles fines et ne garder que le bouillon. Poursuivre la cuisson à frémissement jusqu'à obtenir la concentration souhaitée.

BOUILLON DE BŒUF

pour environ 1 litre
(ou moins s'il est réduit)

1,25 kg d'os à moelle de bœuf
2 oignons non pelés, coupés en huit
2 grosses carottes coupées en gros morceaux
2 gros bâtons de céleri coupés en gros morceaux
1 cuillerée à soupe de concentré de tomate
1 brin de thym
1 poignée de tiges de persil
1 feuille de laurier
½ cuillerée à café de grains de poivre noir
2 litres d'eau
1 cuillerée à soupe d'huile végétale

recette

Préchauffer le four à 220 °C (th. 7-8) et y faire rôtir les os à moelle pendant 45 minutes. Dix minutes avant la fin de la cuisson, chauffer l'huile dans un faitout placé sur feu modéré à vif et y faire revenir les oignons, les carottes et le céleri. Ajouter le concentré de tomate et laisser cuire 1 minute, en remuant. Ajouter les os à moelle, couvrir d'eau et ajouter le reste des ingrédients. Porter à ébullition, puis baisser le feu et laisser frémir 5 heures. Ne garder que le bouillon et le faire réduire jusqu'à la concentration souhaitée.

FUMET DE POISSON

pour environ 1,25 litre

1 kg d'arêtes et de têtes de sole, de flétan ou de flet
125 ml de vin blanc sec
1 gros oignon haché
1 bulbe de fenouil coupé en petits morceaux
1 feuille de laurier
3 brins de persil plat
3 brins de thym
1 cuillerée à café de grains de poivre noir
1,5 litre d'eau

recette

Mélanger le poisson, le vin, les légumes, les herbes et le poivre dans un faitout puis couvrir d'eau. Faire mijoter 20 minutes à feu doux, en écumant si besoin, puis filtrer dans une passoire à mailles fines ou une mousseline.

INDEX

Merci mille fois à Catie Ziller, Vivian Lui et Victoria Wall Harris pour avoir donné vie à ces pages et avoir fait de ces recettes si simples un véritable régal pour les yeux. Un grand merci également à Alice et Kathy.
Je ne peux pas omettre ceux qui m'ont permis de faire mes premiers pas en cuisine, notamment Ginny Rolfe et Jamie Oliver. Ni tous ceux qui m'ont merveilleusement soutenue et qui ont été mes mentors, Abigail Fawcett, Deb Winson, Susie Theodorou, Vivian Lui et Kate Merker. À ma famille, Don, Charlie et Poppy, c'est un livre fait pour vous et à cause de vous.

Pour la création anglaise
Sous la direction de Catie Ziller
Suivi éditorial : Kathy Steer
Stylisme culinaire : Vivian Lui
Graphisme : Alice Chadwick

Pour la traduction française
Traduction : Delphine Billaut
Préparation de copie : Marion Dellapina
Relecture : Véronique Dussidour
Maquette : Transparence

Pour Marabout, le principe est d'utiliser des papiers composés de fibres naturelles, renouvelables, recyclables et fabriquées à partir de bois issus de forêts qui adoptent un système d'aménagement durable. En outre, Marabout attend de ses fournisseurs de papier qu'ils s'inscrivent dans une démarche de certification environnementale reconnue.

7800134 / 04
ISBN : 978-2-501-10201-8
Dépôt légal : septembre 2015
Achevé d'imprimer en novembre 2016 sur les presses de Stige, Italie.